À L'USAGE DES COLLÈGES ET AUTRES
D'INSTRUCTION P

Cours de Géographie

PAR LE CONSEIL ROYAL DE L'INSTRUCT
D'HISTOIRE DANS LES COLL

Et ren
outes les réponses aux quest
par le Conseil royal de l'

PAR

Ch. BARBERET ET AL.
Professeurs d'Histoire et de Géographie
et Rolli

GÉOGRAPHIE
DEUXIÈME
COURS DE G

OBRY, E. MAGDELEINE
RUE D

COURS COMPLET

DE

GÉOGRAPHIE HISTORIQUE

A L'USAGE DES COLLÉGES ET AUTRES ÉTABLISSEMENTS
D'INSTRUCTION PUBLIQUE,

EXTRAIT DU

Précis de Géographie historique universelle,

ADOPTÉ PAR LE CONSEIL ROYAL DE L'INSTRUCTION PUBLIQUE POUR L'USAGE DES CLASSES
D'HISTOIRE DANS LES COLLÉGES DE L'UNIVERSITÉ,

Et renfermant
Toutes les réponses aux questions du programme prescrit
par le Conseil royal de l'instruction publique ;

PAR

Ch. BARBERET ET Alf. MAGIN,

Professeurs d'Histoire et de Géographie aux Colléges Saint-Louis
et Rollin, à Paris.

GÉOGRAPHIE ANCIENNE.

DEUXIÈME PARTIE.

COURS DE CINQUIÈME.

PARIS.

DEZOBRY, E. MAGDELEINE ET Cie, LIB.-ÉDITEURS,
RUE DES MAÇONS-SORBONNE, 1.

1841.

Tous les exemplaires non revêtus de la signature de l'un des auteurs et des éditeurs, seront réputés contrefaits.

PARIS. — IMPRIMERIE DE FAIN ET THUNOT,
IMPRIMEURS DE L'UNIVERSITÉ ROYALE DE FRANCE,
rue Racine, 28, près de l'Odéon.

AVERTISSEMENT.

L'approbation dont le Conseil royal de l'instruction publique a honoré notre *Précis de Géographie historique universelle*, dès qu'il a paru, l'auguste suffrage de Sa Majesté, qui a bien voulu souscrire à cet ouvrage pour ses bibliothèques particulières, enfin le vœu plusieurs fois exprimé par nos collègues de Paris et de la province d'avoir un livre encore plus spécialement destiné aux élèves de tous les établissements d'instruction publique, nous faisaient une sorte de devoir de publier un extrait de notre grand travail. En cédant à ces puissantes considérations, nous devons cependant déclarer que le Cours que nous offrons aujourd'hui à la jeunesse des écoles n'est point un abrégé de notre Précis destiné à le remplacer, à le suppléer, ou à en donner une idée plus ou moins exacte; ce n'est strictement qu'un extrait approprié à l'usage des classes. On ne trouvera, en effet, dans ce nouveau Cours de Géographie, que les notions rigoureusement nécessaires pour répondre d'une manière exacte et précise à toutes les questions de géographie historique qui ont été posées dans le programme officiel des cours d'histoire. En restreignant ainsi notre travail, et en le divisant en six parties, conformément aux différents cours d'histoire suivis dans les colléges et dans les établissements d'instruction publique, nous avons pu donner un livre d'un prix très-modique aux jeunes élèves auxquels il est spécialement destiné.

GÉOGRAPHIE ANCIENNE.

SECONDE PARTIE.

COURS DE CINQUIÈME.

CHAPITRE PREMIER.

EXPÉDITION DU JEUNE CYRUS ET RETRAITE DES DIX MILLE.

§ 1. *Expédition du jeune Cyrus.*

Résolu à aller détrôner son frère Artaxercès Mnémon, roi de Perse, le jeune Cyrus partit de *Sardes*, capitale de son gouvernement, avec une armée dont la force principale consistait en 13,000 Grecs qu'il avait pris à sa solde. Se dirigeant au S.-E., à travers la Lydie, il passa le Méandre, et arriva à *Colosses*, ville de Phrygie, riche, grande et peuplée. Il avait fait 30 p. (1) en 4 jours. De là il fit 20 p. au N.-E. en 3 marches, et parvint à *Cé-*

---

(1) La parasange équivaut à peu près à 4,234 mètres.

lène, peuplée, grande et florissante, avec une citadelle et un château fortifié, bâtis par Xercès à son retour de Grèce. Cyrus y séjourna 30 jours dans un palais bâti aux sources du Méandre, et y fit la revue de son armée. Deux marches, de 5 p. chacune, le conduisirent à *Peltes*, au N.-O., où il séjourna 3 jours, pendant lesquels Xenias d'Arcadie célébra les Lupercales par des sacrifices et des jeux dont les prix étaient des étrilles d'or. Il fit 12 p. en deux marches au N.-E. et vint au *forum des Céramiens*, situé à l'extrémité de la Mysie. Tournant ensuite au S.-E., il fit 30 p. en 3 marches et arriva à *Caystropedion* : Epyaxa, femme de Syennésis, roi de Cilicie, vint trouver Cyrus dans cette ville et lui apporta de quoi payer quatre mois de solde à ses troupes.

Après 2 marches à l'E. de 5 p. chacune, il atteignit *Thymbrie*, célèbre par la fontaine de Midas, et, marchant au S. l'espace de 10 p., il s'arrêta à *Tyriæum*, ville considérable, où il fit la revue des Grecs et des barbares. Il fit ensuite au S.-E. 20 p. en 3 marches et arriva à *Iconium*, dernière ville de Phrygie. En 5 jours il parcourut 30 p. à travers la Lycaonie, qu'il laissa piller par ses soldats; traversa la Cappadoce, fit 25 p. en 4 marches et se reposa trois jours à *Dana* ou *Thyana*, ville peuplée, grande et riche. De là, tournant au S., il franchit sans obstacle les montagnes de Cilicie, dont Syennésis avait abandonné les défilés, descendit à travers une plaine fertile, fit 25 p. en 4 jours et arriva à *Tarse*, qui fut pillée par ses soldats. Il y demeura 20 jours, et traita avec Syennésis, qui lui fournit de grandes sommes d'argent pour l'entretien de ses troupes.

Les Grecs, qui s'étaient enrôlés pour marcher contre les Pisidiens, soupçonnant, pour la première fois, qu'on les menait contre le grand roi, se révoltèrent, et peu s'en fallut que le Lacédémonien Cléarque, leur principal chef, ne fût victime de cette sédition. Cyrus parvint cependant à les apaiser en leur promettant une augmentation de solde, et l'armée, s'étant remise en marche, parcourut en 5 jours 30 p., traversa les fleuves Sarus et Pyrame, et arriva à *Issus*, dernière ville de Cilicie, sur le bord de la mer. Là Cyrus fut rejoint par sa flotte, composée de 65 vaisseaux, dont 35 du Péloponnèse : partie d'Éphèse sous la conduite de Tamos d'Égypte, elle lui amenait, entre autres renforts, 700 hoplites commandés par Chirisophe de Lacédémone. Il franchit, après une marche de 5 p., les murs de Cilicie et de Syrie, séparés par le petit fleuve Carsus, et dont Abrocomas avait abandonné la défense, et parvint, en une nouvelle marche de 5 p., à *Myriandre*, ville maritime et commerçante habitée par des Phéniciens. Négligeant de punir la désertion de Xenias d'Arcadie et de Pasion de Mégare, Cyrus quitta le bord de la mer, se dirigea au S.-E., fit 20 p. en 4 marches et campa dans les *villages de Parysatis*, sur le bord du fleuve Chalus, rempli de poissons privés, objet d'une grande vénération de la part des Syriens. De là tournant au N.-E., il parvint, après 30 p. en 5 marches, aux sources du Daradax, affluent de l'Euphrate, où était le palais de Bélésis, satrape de la Syrie et de l'Assyrie. Puis, descendant au S.-E. l'espace de 15 p. en 3 marches, il arriva à *Thapsaque*, sur l'Euphrate.

Cyrus, ne pouvant plus dissimuler le véritable but de son expédition, annonça aux Grecs qu'il les conduisait à Babylone, contre le grand roi. Les Grecs, séduits par ses promesses, et engagés trop avant pour pouvoir se retirer sans danger, consentirent à le suivre. Cyrus, ayant passé le fleuve, fit en 9 marches 50 p. au S.-E., à travers la Syrie, et campa sur les bords de l'Araxe, dans des villages où l'armée s'approvisionna de blé et de vin. Il passa de là en Arabie, ayant l'Euphrate à sa droite, fit en 5 jours 35 p. dans une plaine unie, couverte seulement de plantes aromatiques, peuplée d'ânes sauvages, d'autruches, d'outardes, de chevreuils, et arriva à *Corsote*, ville grande et déserte, bâtie dans une île du Mascas ou Saocoras, affluent de l'Euphrate. Il parcourut encore 90 p. en 13 jours, dans le désert, en suivant la rive gauche de l'Euphrate, et campa aux frontières de la Babylonie, près des portes du mur de Médie et vis-à-vis de *Charimande*, ville grande et riche, située sur la rive droite de l'Euphrate.

Après avoir puni la trahison d'Orontas, Cyrus s'avança de 12 p., en 3 marches, en Babylonie, et fit la revue générale de son armée, qu'il trouva composée de 100,000 barbares, sous les ordres d'Ariée, 20 chars armés de faux, et 12,400 Grecs, dont 10,000 hoplites et 2,400 peltastes. Marchant ensuite en ordre de bataille l'espace de 11 p., il franchit un large fossé creusé par ordre d'Artaxercès pour arrêter son armée, et quatre canaux dérivés du Tigre. Il rencontra enfin, à 12 p. environ de Babylone, l'armée du grand roi, et lui livra la bataille dans laquelle il périt au milieu de sa victoire.

Depuis son départ de Sardes jusqu'au champ de bataille, l'armée avait fait 525 p. en 86 marches, dans l'espace de 9 mois.

§ 2. *Retraite des dix mille.*

Les Grecs, vainqueurs à l'aile où ils avaient combattu, n'apprirent que le lendemain de la bataille la mort de Cyrus, et commencèrent leur célèbre retraite. Revenus à leur camp de la veille du combat, ils marchèrent au N.-E., campèrent le soir dans des villages, et arrivèrent le lendemain au delà des canaux dérivés du Tigre, dans des villages où ils demeurèrent 20 jours, attendant Tissapherne. Le satrape vint enfin traiter avec eux au nom du roi, s'engagea à leur fournir des vivres et à les ramener en Ionie. Ils partirent donc avec les deux armées barbares conduites par Tissapherne et Ariée, et franchirent le mur de Médie, construit de briques cuites au feu et liées par un ciment d'asphalte; il avait 6 mèt. de largeur sur 33 mèt. de hauteur et

8 myr. de longueur. Passant ensuite deux canaux dérivés du Tigre, ils arrivèrent sur les bords de ce fleuve, près de *Sitace*, ville grande et peuplée.

Tissapherne et Ariée, qui les avaient accompagnés pendant 6 marches, ayant décampé pendant la nuit, les Grecs passèrent le lendemain le Tigre sur un pont de 37 bateaux, et, remontant au N.-O. le long de sa rive gauche, firent 20 p. en 4 marches jusqu'à *Opis*, située sur le Physcus, affluent du Tigre. Traversant ensuite les déserts de la Médie, ils pillèrent les villages de Parysatis, passèrent dans le voisinage de *Cœnes*, ville grande et florissante, située sur la rive droite du Tigre, et qui leur fournit des vivres, et arrivèrent, après avoir fait 50 p. en 11 marches, sur les bords du Grand-Zabate ou Lycus, affluent du Tigre. Là, cinq des généraux grecs, Proxène de Béotie, Ménon de Thessalie, Agias d'Arcadie, Cléarque de Lacédémone, Socrate d'Achaïe, furent arrêtés dans une conférence où les avait attirés Tissapherne, et leur suite massacrée.

Seuls désormais, sans guides et entourés d'ennemis, les Grecs élurent cinq nouveaux généraux dont le plus célèbre est Xénophon, l'historien de l'expédition. Après avoir brûlé tout le bagage inutile, ils passèrent le Grand-Zabate et marchèrent lentement, en ordre de bataille, harcelés par Mithradate, qui, vainqueur le premier jour dans une escarmouche, fut battu le lendemain. Le soir du même jour ils campèrent dans la ville déserte de

Larisse, sur la rive gauche du Tigre. Les murs de cette ville avaient 8 mèt. d'épaisseur sur 33 mèt. de hauteur et 8 kil. et demi de tour. Une marche de 6 p. les conduisit à *Mespila*, située comme la précédente sur la rive gauche du Tigre, et, comme elle, abandonnée. Son mur d'enceinte avait 16 mèt. d'épaisseur sur 33 mèt. de hauteur et 25 kil. de tour. Après 6 jours de marche, durant lesquels ils furent sans cesse harcelés par Tissapherne et remportèrent sur lui quelques légers avantages, ils se reposèrent 3 jours dans des villages abondamment pourvus de vivres. Ils marchèrent encore pendant 4 jours le long de la rive gauche du Tigre, et firent éprouver un nouvel échec aux troupes de Tissapherne.

Parvenus à l'endroit où la largeur et la profondeur du Tigre rendent son passage impossible, et où l'on ne peut longer ses bords, les montagnes des Carduques tombant à pic dans le fleuve, les généraux grecs décidèrent de faire route à travers les montagnes. Retournant donc sur leurs pas, l'espace d'environ une journée de marche, par une route contraire à celle de Babylone, ils tournèrent ensuite au N. et s'engagèrent dans les montagnes des Carduques. Pendant les 7 jours qu'ils mirent à traverser le pays de ces peuples belliqueux et indépendants, les Grecs eurent toujours les armes à la main, et souffrirent plus de maux que n'avaient pu leur en faire la puissance du grand roi et la perfidie de Tissapherne. Ils se reposèrent dans des villages situés au-dessus de la plaine arrosée par le Centrite, affluent du Tigre, qui séparait le pays des Carduques de l'Arménie.

Arrivés sur le bord du fleuve, ils le passèrent en ordre de bataille, battirent une armée d'Arméniens, de Mygdoniens et de Chaldéens qui leur disputait le passage, et arrivèrent en 5 p. à des villages où ils trouvèrent des vivres en abondance. Faisant ensuite 25 p. en 5 marches, ils franchirent les sources du Tigre et un affluent de l'Euphrate, le Téléboas, sur les bords duquel ils campèrent dans des villages où Téribaze, gouverneur de cette partie de l'Arménie, vint traiter avec eux. Ils firent ensuite 8 marches au milieu d'une neige épaisse, battirent l'armée de Téribaze, qui s'était postée dans un défilé pour les attaquer avec avantage, passèrent l'Euphrate près de sa source, et se reposèrent pendant 8 jours dans des villages dont les maisons souterraines étaient remplies de provisions de toute espèce.

De là, en 7 marches de 5 p. chacune, ils arrivèrent sur les bords du Phase, battirent, 10 p. plus loin, les Chalybes, les Taoques et les Phasiens, et cantonnèrent dans des villages. Ils firent ensuite 30 p. en 5 marches, battirent les Taoques, qui s'étaient postés dans un défilé étroit sur le passage de l'armée, et arrivèrent dans le pays des Chalybes, où ils firent en 7 jours 50 p., sans cesse harcelés par ce peuple, le plus belliqueux qu'ils eussent trouvé sur leur route. Après avoir passé l'Harpasus, affluent de l'Araxe, ils firent 20 p. en 4 marches, à travers le pays des Scythines, se reposèrent 3 jours dans des villages bien fournis de vivres, et arrivèrent en 4 autres marches de la même longueur à *Gymnias*, ville grande, riche et bien peuplée. Là, ils prirent un guide qui, en 5 jours, les conduisit au sommet de la montagne sacrée nommée Thechès, d'où ils aperçurent la mer avec des transports de joie inexprimables.

Les Grecs firent ensuite 10 p. en 3 marches, à travers le pays des Macrons, qui traitèrent avec eux et les guidèrent pendant 3 jours jusqu'aux montagnes de la Colchide. Ils battirent les Colques, qui avaient voulu les arrêter, et cantonnèrent dans des villages, où ils trouvèrent, entre autres provisions, beaucoup de miel d'une qualité malfaisante, et qui causa à ceux qui en mangèrent une espèce d'ivresse, accompagnée d'un violent délire. De là, 7 p. faites en 2 marches les conduisirent à la ville grecque de *Trapezunte*, colonie de Sinope, située sur le Pont-Euxin, dans la Colchide. Ayant établi leur camp près de la ville, ils offrirent des sacrifices à Jupiter Sauveur et à Hercule, et célébrèrent des jeux et des combats gymniques. Pendant leur séjour d'un mois, ils firent chez les peuplades voisines quelques expéditions, dont la plus importante fut le pillage et l'incendie de la métropole des Driliens.

Après avoir vainement attendu Chirisophe, l'un des généraux, qui était allé chercher des vaisseaux, on embarqua sur quelques navires les malades, les soldats âgés de plus de 40 ans, les enfants, les femmes et tous les équipages inutiles. L'armée, ainsi dégagée et réduite à 8,600 hoplites, continua sa route par terre, et arriva en 3 jours à *Cerasunte*, colonie de Sinope, sur le bord de la mer, où elle demeura 10 jours. Elle traversa ensuite pendant 8 jours le pays des Mosynèques, peuples barbares et grossiers, divisés en deux tribus ennemies, dont l'une, celle de l'O., aida les Grecs à piller et à détruire les villages de bois ou campements de l'autre. De là, 3 journées de marche à travers le pays des Chalybes, sujets des Mosynèques, qui vivaient pour la plupart de leur travail aux mines de fer, et celui des Tibaréniens, conduisirent les Grecs à *Cotyore*, colonie de Sinope. Ils y demeurèrent 45 jours, offrant des sacrifices aux dieux et s'exerçant à des combats gymniques.

Depuis le champ de bataille où avait péri Cyrus jusqu'à Cotyore, les Grecs avaient fait en 107 marches 459 p. dans l'espace de 6 mois et 22 jours.

Toute l'armée s'embarqua à Cotyore, et, longeant pendant deux jours les côtes de Paphlagonie, elle passa devant le promontoire de Jason, les embouchures du Thermodon, de l'Iris et de l'Halys, arriva à *Sinope*, colonie de Milet, et mouilla pendant 5 jours dans le port d'Harmène. Chirisophe, étant venu l'y rejoindre avec des trirèmes, fut élu général en chef de l'armée. Les Grecs, ayant remis à la voile sous sa conduite, longèrent les côtes pendant

2 jours, passèrent devant l'embouchure du Parthenius, arrivèrent à *Héraclée*, colonie de Mégare, dans le pays des Mariandyniens, et mouillèrent près de la Chersonèse Achérusiade.

Là les Grecs, à la suite d'une sédition, se divisèrent en 3 corps. Les Arcadiens et les Achéens, au nombre de 4,500, se choisirent 10 généraux, s'embarquèrent les premiers et allèrent aborder au port de *Calpé*, pour tomber à l'improviste sur les Thraces Bithyniens ; Chirisophe, avec 2,100 hommes, se rendit par terre à *Calpé;* Xénophon, ayant mis à la voile avec 2,000 hommes, débarqua aux confins de la Thrace et du territoire d'Héraclée. Il s'avança dans l'intérieur des terres et arriva fort à propos pour délivrer les Arcadiens et les Achéens, qui s'étaient fait battre par les Thraces, dont l'armée les tenait assiégés sur une colline. Toute l'armée grecque, réunie de nouveau à *Calpé*, élut pour général en chef Néon d'Asinée, à la place de Chirisophe, qui venait de mourir. Parvenus, en 6 jours de marche, à *Chrysopolis*, les Grecs y demeurèrent 7 jours, occupés à vendre le butin qu'ils avaient fait dans cette dernière marche et pendant leur séjour à Calpé. Passant ensuite le Bosphore de Thrace, ils arrivèrent à *Byzance*, que Xénophon sauva du pillage, et campèrent dans des villages, à quelque distance de la ville. Arrivés de là à *Périnthe*, où Xénophon, qui les avait quittés, vint reprendre le commandement, ils remontèrent au N.-O. jusqu'à des villages qui appartenaient à Seuthès, roi d'une partie de la Thrace, et s'engagèrent à la solde de ce prince.

Après avoir vaincu et soumis les Thraces Thyniens, ils marchèrent contre ceux qui habitaient au-dessus de Byzance, dans le pays appelé Delta, traversèrent le pays des Melinophages et arrivèrent à *Salmydesse*, sur le Pont-Euxin. Toute cette contrée soumise, l'armée revint sur ses pas et campa dans une plaine au-dessus de *Selymbrie*.

Là Charminus et Polynice vinrent enrôler les Grecs au nom du général lacédémonien Thymbron, qui allait faire la guerre à Tissapherne. Les Grecs s'embarquèrent à *Selymbrie*, abordèrent à *Lampsaque*, et, s'avançant à travers la Troade, passèrent sur le mont Ida et arrivèrent à *Antandre;* puis, suivant le rivage de la mer qui baigne les côtes de la Mysie, ils passèrent dans la plaine de *Thèbes*, à *Adramyttium*, à *Certonium*, entrèrent près d'*Atarne* dans la plaine du Caïque, et arrivèrent à *Pergame*. Ce fut là le terme de l'expédition. Après une tentative sans succès contre le château du Persan Asidate, situé dans la plaine voisine, et une expédition plus heureuse aux environs de *Parthenium*, et dans laquelle Asidate fut pris avec tous ses trésors, les Grecs passèrent sous le commandement de Thymbron, qui les incorpora dans ses troupes.

Un intervalle d'environ 8 mois sépare l'arrivée des Grecs à *Cotyore* du moment où ils furent incorporés dans l'armée de Thymbron; en sorte que l'on peut compter deux ans moins quelques jours, ou

23 mois et 22 jours, depuis leur départ de *Sardes* jusqu'à leur arrivée à *Pergame* (1).

CHAPITRE II.

GÉOGRAPHIE POLITIQUE DE LA MACÉDOINE, DE L'ILLYRIE ET DE LA THRACE, A L'AVÉNEMENT DE PHILIPPE II.

I. *Macédoine.*

Le royaume de Macédoine, fondé vers 799 par un prince argien de la famille d'Hercule, nommé Caranus, avait été promptement agrandi par les conquêtes de ses premiers rois. Ses limites avaient même été portées jusqu'au mont Hémus (vers 485), grâce à la protection du roi de Perse, dont les Macédoniens avaient été forcés de subir l'alliance au temps de la guerre médique. Mais cet accroissement de territoire fut peu durable, et les guerres presque continuelles que la Macédoine eut à soutenir contre les Illyriens, les Péoniens et les Thraces, ses voisins,

(1) Nous n'avons fait dans ce travail qu'un extrait succinct de l'Anabase de Xénophon, en corrigeant toutefois quelques erreurs géographiques bien constatées, et, d'après le texte même, quelques erreurs non moins évidentes dans le calcul du nombre des marches, des parasanges et de la durée de l'expédition. Il ne faut pas oublier que Xénophon ne rédigea son précieux ouvrage que longtemps après l'événement sur des notes prises à la hâte, et dans lesquelles avait pu s'introduire un peu de confusion.

l'anarchie et les usurpations qui suivirent la mort d'Amyntas IV (370), affaiblirent tellement ce royaume, qu'à l'avénement de Philippe II (360), il se trouvait resserré entre le Strymon à l'E., le golfe Strymonique, le lac Bolbé, le golfe Thermaïque et l'Haliacmon au S., l'Illyrie à l'O., la Péonie et le mont Cercine au N. Les pays compris dans ces limites étaient au nombre de trois, savoir : la *Mygdonie*, au N.-E., sur la rive gauche de l'Axius, entre ce fleuve et le Strymon ; l'*Émathie*, au N.-O., sur la rive droite de l'Axius ; et la *Bottiée*, au S., entre les embouchures de l'Axius et de l'Haliacmon.

La Mygdonie renfermait : l'*Amphaxitide*, au S.-O., sur la rive gauche de l'Axius et près de son embouchure dans le golfe Thermaïque ; l'*Anthémonte*, au N.-E. de la précédente ; la *Crestonie* ou *Grestonie*, au N., traversée par l'Échelore ou Chilore, qui y prenait sa source et allait se jeter dans le golfe Thermaïque, à quelque distance à l'E. de l'embouchure de l'Axius ; enfin la *Sintique* et la *Bisaltie*, à l'E., qui n'appartenaient pas entièrement à la Macédoine en 360 : la partie orientale de ces deux provinces, c'est-à-dire celle qui était située sur la rive gauche du Strymon, était comprise dans la Thrace. — Villes : *Therma*, capitale de l'Amphaxitide et de toute la Mygdonie, au fond du golfe auquel elle avait donné son nom ; *Anthémonte*, au N.-E. de Therma, dans la province de ce nom ; et *Crestone*, dans la Crestonie, sur un affluent du Strymon.

L'Émathie, la plus ancienne et la plus illustre des contrées de la Macédoine, située à l'O. de la Mygdonie, sur la rive droite de l'Axius, renfermait le petit canton appelé *Cyrrhestide*, de Cyrrhus, sa capitale. — Villes : *Édesse*, dont Caranus changea le nom en celui d'*Æges*, première capitale du royaume, sur un petit fleuve qui se jette dans le lac de Pella ; *Beræe* ou *Berrhæe*, au S., près de l'Haliacmon ; *Pella*, au S.-E. d'Édesse, près du lac auquel elle donnait son nom, et qui devint la résidence royale depuis le règne de Philippe. Ce fut ce prince qui attribua la ville de Pella à l'Émathie ; avant lui, elle appartenait à la Bottiée, ainsi que nous l'apprend Hérodote.

Nous n'avons pas compris dans les limites du royaume de Macédoine à l'avènement de Philippe les provinces qui suivent : l'*Éordée*, à l'E. de l'Émathie, entre cette contrée et la rive droite de l'Érigon ; la *Lyncestide*, au N.-O. de l'Éordée, sur la rive gauche de l'Érigon ; l'*Orestide*, au S. de la Lyncestide, entre l'Érigon et l'Haliacmon supérieurs ; la *Symphalie* ou *Symphée*, l'*Élymée* ou *Élymiotide*, et la *Piérie*, au S. de l'Haliacmon, entre la rive droite de ce fleuve et les monts Stymphe, Cambuniens et Olympe. Réunies à la Macédoine par les prédécesseurs de Philippe, ces provinces avaient été envahies et conquises par les Illyriens, ou s'étaient soulevées à la faveur de l'anarchie qui suivit la mort d'Amyntas IV (370-360) ; elles ne furent reprises que par Philippe. On y remarquait *Éordée*, dans la province de ce nom, sur le fleuve Éordaïque ; *Lyncus,* première capitale de la Lyncestide, au S., remplacée plus tard par *Héraclée,* au N., sur un affluent de l'Érigon ; *Celetrum,* dans l'Orestide, sur le lac Castoria ; *Élymée* ou *Élymie,* sur l'Haliacmon, dans l'Élymiotide ; *Dium, Pydna, Méthone* et *Alorus,* dans la Piérie, sur la côte occidentale du golfe Thermaïque, du S. au N. La dernière de ces quatre villes, située sur les frontières de la Bottiée, est attribuée par Strabon à cette province.

Il faut joindre à cette description de la Macédoine quelques détails sur deux contrées qui soutinrent la guerre contre Philippe et qu'il devait incorporer à son royaume. C'étaient la *Chalcidique* au S.-E., et la *Péonie* au N.

La Chalcidique était une presqu'île resserrée entre les golfes Thermaïque et Strymonique, et terminée au S. par trois autres presqu'îles plus petites, savoir : l'*Acté* ou péninsule du mont Athos, à l'E. ; la *Pallène,* à l'O., et la *Sithonie,* au milieu. La partie septentrionale de la Chalcidique se divisait elle-même en *Crossée* à l'O. et *Chalcidique proprement dite* à l'E. Les villes de la Chalcidique formaient une confédération puissante, à la tête de laquelle s'était placée Olynthe, et qui se soumit à Philippe lorsque Olynthe eut succombé (348). Les plus remarquables étaient : dans l'Acté, *Cléones,* au S.-O., sur le golfe Singitique ; dans la Sithonie, *Torone,* au S., à l'entrée du golfe qui portait son nom, *Galepse,* au N.-O. de Torone, et *Singos,* au N., sur le golfe auquel elle donnait son nom ; dans la Pallène, *Scione*, au S., *Mende*, au N.-O., et *Potidée*, plus au N.-O., toutes trois sur la côte orientale du golfe Thermaïque ; *Olynthe*, à l'entrée de la Pallène, au fond du golfe Toronaïque ; dans la Crossée, *Enia* ou *Énée*, sur la côte N.-E. du golfe Thermaïque, *Mécyberne*, sur le golfe Toronaïque ; dans la Chalcidique propre, *Chalcis*, sur un petit fleuve qui se jetait dans le golfe Toronaïque, au N.-E. d'Olynthe, *Acanthe*, à l'E., sur le golfe Strymonique, et *Stagyre*, au N.-O., près du même golfe.

La Péonie, après avoir fait longtemps partie de la Thrace, s'était donné des rois particuliers, qui combattirent avec acharnement contre les Macédoniens. On la divisait en quatre parties principales : la *Pélagonie*, dont le nom fut souvent confondu avec celui de Péonie, au N.-O. ; la *Deuriopie*, au S. de la précédente et au N.-O. de l'Émathie, entre l'Axius et l'Érigon ; l'*Almopie*, vers le centre, au N.-E. de la Deuriopie ; et le pays des *Agrianes* ou *Agriens*, au N., près des monts Hémus et Orbélus. — Villes : *Pélagonie* et *Dobérus* ou *Deborus*, dans la Pélagonie ; *Bryanium*, *Alalcomènes* et *Stymbare*, qui est peut-être la même que *Stubère*, dans la Deuriopie ; *Almope*, sur l'Axius, dans la province à laquelle elle donnait son nom.

II. *Illyrie*.

L'Illyrie (*Illyris* ou *Illyricum*) embrassait tout le territoire qui s'étend depuis l'Épire, au S., jusqu'à l'Ister ou Danube et jusqu'au mont Albius, au N., et depuis la Macédoine et le pays des Triballes, à l'E., jusqu'à la mer Adriatique, à l'O. Mais nous n'avons pas à nous occuper ici de la partie septentrionale de cette contrée ou Illyrie barbare, qui n'eut aucun rapport avec la Macédoine à cette époque. Nous ne décrirons que la partie comprise entre le golfe Rhizonique et le Drilo, au N., et les monts Acrocérauniens, qui la séparaient de l'Épire, au S. C'était l'Illyrie grecque qu'on désignait plus particulièrement sous le nom d'Illyrie.

Peuplée d'abord par des Abantes ou Eubéens, elle avait reçu dans la suite beaucoup d'autres colonies grecques. Les habitants de l'Illyrie étaient partagés en plusieurs peuplades ou tribus, parmi lesquelles on remarquait : les *Parthins* et les *Taulantiens*, à l'O. ; les *Atintans* ou *Atintanes*, au S. ; les *Candaviens*, au centre ; les *Pénestes* et les *Dassarètes*, à l'E. La plupart de ces tribus étaient réunies, en 360, sous l'autorité du roi Bardylis, qui leur avait souvent assuré la victoire sur les Macédoniens, et qui avait conquis, comme nous l'avons dit, les provinces macédoniennes de l'Éordée, la Lyncestide, l'Orestide, la Stymphalie et l'Élymiotide. — Villes : *Épidamne*, colonie de Corcyre, sur la côte de l'Adriatique ; *Parthus* ou *Parthinium*, au S.-E., et *Dimalle*, à l'E. de Parthus, sur le fleuve Genusus, dans la Parthinie ou pays des Parthins ; *Apollonie*, fondée par des Abantes et agrandie par une colonie de Corcyréens, à peu de distance de l'embouchure du fleuve Aoüs, et *Bargyle*, au N.-E., sur le fleuve Apsus, chez les Taulantiens ; *Oricum* ou *Orique*, colonie des Abantes, et *Aulon*, toutes deux sur la côte, dans l'Atintanie ; *Lychnide*, sur le lac Lychnitis, auquel elle donnait son nom, dans la Dassarétie ; et *Uscana*, dont on ne peut préciser la position, dans la Pénestie.

III. *Thrace.*

La Thrace s'étendait à l'E. de la Macédoine, depuis le Strymon jusqu'au Pont-Euxin, et du S. au N., depuis la mer Égée jusqu'au mont Hémus. Les principaux peuples qui l'habitaient étaient : les *Odryses*, qui avaient fondé un puissant empire dans le N. et le S.-E. ; les *Cicones* ou *Ciconiens*, sur les deux rives du Lissus, entre l'Hèbre et le marais Bistonien ; les *Bistoniens*, à l'O. des Cicones, jusqu'au Nestus ; les *Bryges*, au N. des précédents : les *Édonites*, à l'O., entre le Nestus et le Strymon ; les *Odomantes*, au N.-O., sur la rive gauche du Strymon ; les *Mædes*, au N.-O. des Odomantes ; les *Denthélènes* ou *Denthélètes*, à la source de l'Hèbre ; les *Besses*, au N.-O. de la Thrace, sur les deux versants du Rhodope ; les *Trauses*, au N.-E. — Villes : *OEnos*, sur la côte orientale du lac Stentor ; *Mésembrie* et *Maronée,* à l'O., près du lac Ismare, chez les Cicones ; *Abdère,* sur la côte de la mer Égée, chez les Bistoniens ; *Crénides, Éion* et *Amphipolis,* chez les Édonites, la première à quelque distance de la mer, les deux autres près de l'embouchure du Strymon, sur sa rive gauche ; *Périnthe,* nommée aussi *Héraclée,* sur la Propontide ; *Sélymbrie,* au N.-E., sur la même mer ; *Byzance,* à l'E., sur le Bosphore de Thrace ; *Halmydesse* ou *Salmydesse, Thynias, Apollonie, Anchiale, Mésembrie* et *Nauloque,* toutes le long de la côte du Pont-Euxin, du S. au N.

On comprenait dans la Thrace la péninsule située au S.-E., entre l'Hellespont et le golfe Mélas, appelée la Chersonèse de Thrace, qui avait appartenu aux Athéniens. Ils en avaient été dépossédés après la bataille d'Ægos-Potamos ; mais ils n'avaient pas renoncé à leurs prétentions sur cette contrée, et ils en disputèrent la possession à Philippe, lorsque ce prince chercha à s'en rendre maître. On y remarquait la ville de *Cardie,* au N., sur la côte du golfe Mélas, et celle d'*Éléonte,* au S.

CHAPITRE III.

LIMITES DE LA MACÉDOINE A LA MORT DE PHILIPPE II.

Après vingt-quatre années d'un règne utilement employé pour la grandeur de la Macédoine (360-

336), Philippe II, qui était monté sur le trône au milieu des embarras de la guerre civile et de la guerre étrangère, et qui avait trouvé le royaume démembré ou menacé au S., à l'O., au N. et à l'E., le transmit à son fils Alexandre, agrandi par d'importantes conquêtes. Il y avait ajouté, tant par la force des armes que par son habile politique, au S., la *Chalcidique*, la *Piérie*, l'*Élymiotide* et la *Stymphalie*; à l'O., l'*Éordée*, la *Lyncestide*, l'*Orestide*, la *Dassarétie* et la *Pénestie*; au N., la *Péonie*, moins le pays des Agrianes; à l'E. enfin, la partie de la *Bisaltie* et de la *Sintique* située au delà du Strymon, le pays des *Édonites*, celui des *Odomantes* et celui des *Mœdes*.

Le royaume de Macédoine avait donc pour limites, en 336, la mer Égée, le mont Olympe et les monts Cambuniens, au S.; le mont Stymphe et les monts Candaviens ou Canaloviens, situés au delà du lac Lychnitis, en Illyrie, à l'O.; les monts Scardus, Orbélus et Hémus, au N.; et le Nestus, à l'E. La domination de la Macédoine de ce côté s'étendait même au delà du Nestus, sur les rivages de la mer Égée, de l'Hellespont, de la Propontide et du Pont-Euxin, dont Philippe s'était rendu maître par la prise de quelques-unes des principales villes. Il avait conquis en outre, dans la mer Égée, les îles de *Thasos*, d'*Imbros* et de *Lemnos*, et soumis, mais non réuni à son royaume, le pays des *Besses*, celui des *Cicones* et la *Bistonie*, ainsi que la *Chersonèse de Thrace*. Enfin il exerçait une sorte de protectorat dans la *Grèce* : il s'était fait admettre au conseil amphictyonique et nommer généralissime des Grecs; il tenait garnison à *Nicée*, dans le défilé des Thermopyles, dans plusieurs villes de la *Phocide* et de la *Thessalie*, dans la citadelle de *Thèbes* et dans celle de *Corinthe*; il disposait presque en maître absolu de la *Thessalie*, dont il avait chassé les tyrans, dont les ports lui étaient ouverts par la reconnaissance des Thessaliens, et qu'il avait partagée en quatre provinces indépendantes, placées chacune sous l'autorité de ses créatures.

CHAPITRE IV.

LIMITES DE L'EMPIRE MACÉDONIEN A LA MORT D'ALEXANDRE LE GRAND.

Le vaste empire, fondé par les conquêtes d'Alexandre le Grand en Europe, en Asie et en Afrique, s'étendait depuis la mer Adriatique jusqu'à l'Hyphase, et depuis le Danube et le Jaxartes jusqu'aux déserts qui séparent l'Égypte de l'Éthiopie et jusqu'à la mer Érythrée. Il était borné au N. par l'Ister ou Danube, par la Propontide, le royaume de Bithynie resté indépendant, et le Pont-Euxin, par l'Araxe et le Cyrus inférieur qui le séparaient du royaume de l'Arménie septentrionale et de l'Albanie, par les bords méridionaux de la mer Caspienne ou Hyrcanienne; enfin par l'Ochus et le

Jaxartes supérieur, qui le séparaient du pays des Massagètes, des Chorasmiens et des Dahes indépendants. Il avait pour bornes à l'E. les monts Imaüs et Émodes, l'Hyphase et l'Indus inférieur. Au S., il était borné par la mer Érythrée, le golfe Persique, l'Arabie déserte, le golfe Arabique, et les déserts qui séparent l'Égypte de l'Éthiopie ; à l'O. enfin par le désert de Libye et la mer Intérieure.

Les pays compris dans ces limites avaient été divisés par le conquérant en 34 grandes provinces dont il avait confié le gouvernement à des généraux macédoniens ou à des chefs indigènes. Ces 34 grandes provinces étaient :

I. La Macédoine, dont les limites avaient été étendues jusqu'à la mer Adriatique par la défaite des Taulantiens ; la Thrace, étendue jusqu'à l'Ister par la soumission des Agrianes et des Triballes ; la Thessalie ; la Grèce enfin, avec ses îles, sur laquelle la suprématie de la Macédoine avait été affermie par la destruction de Thèbes et la défaite des Spartiates, et équivalait à une domination réelle.

II. La Phrygie de l'Hellespont ou Petite-Phrygie, avec la Mysie et l'Éolide.

III. La Lydie avec l'Ionie et les îles asiatiques de la mer Égée.

IV. La Carie, soumise à des souverains nationaux, dont la capitale, après la destruction d'Halicarnasse, était *Alinda,* vers 37° lat. N. et 26° 10 long. E. ; la Doride et l'île de Rhodes.

V. La Paphlagonie et la Grande-Phrygie ou la Phrygie propre, la Pisidie, l'Isaurie et la Lycaonie, avec les villes d'*Ancyre*, dans une position agréable, sur des collines arrosées par un affluent du Sangarius, par 40° 22′ lat. N. et 30° 45′ long. E.; d'*Isaurie*, sur un petit lac, vers 37° 28′ lat. N. et 29° 40′ long. E.; de *Laranda*, vers 37° 22′ lat. N. et 31° long. E.

VI. La Lycie et la Pamphylie.

VII. La Cappadoce occidentale et méridionale. (Le reste de ce royaume était resté indépendant.)

VIII. Le Pont, dont le gouvernement avait été laissé au souverain national Mithridate II.

IX. La Cilicie avec l'île de Chypre.

X. La Syrie, comprenant la Syrie des rivières ou Mésopotamie, la Cœlé-Syrie ou Syrie-Creuse, la Phénicie, la Palestine. Villes: *Singara*, sur l'Hermus, affluent du Chaboras, vers 36° 16′ lat. N. et 39° 35′ long. E.; *Nisibe*, au N.-O., sur la même rivière, dans une plaine étendue et fertile, vers 37° 10′ lat. N. et 38° 52′ long. E.; *Résaïna*, au S.-O., près de la source du Chaboras, vers 36° 48′ lat. N. et 37° 45′ long. E.; *Charres*, l'ancienne Haran, et *Édesse*, l'ancienne Ur, au N.-O.; *Nicephorium*, au S., bâtie par ordre d'Alexandre, sur la rive gauche de l'Euphrate, vers 35° 48′ lat. N. et 36° 38′ long. E.; *Alexandrie*, au N.-O., fondée par Alexandre, sur la côte orientale du golfe d'Issus, par 36° 35′ 27″ lat. N. et 33° 55′ long. E.; *Marathus*, au S.-O., près de la côte, vers 35° 10′ lat. N. et 33° 38′ long.

E.; *Antaradus* au S.-O, sur la côte, vis-à-vis d'Aradus, par 34° 50' 25" lat. N. et 33° 31' 35" long. E.; *Byblos* sur la mer, par 34° 4' lat. N. et 33° 14' long. E.; *Béryte* dans une plaine, au bord de la mer, et à l'embouchure du Lycus, par 33° 49' 45" lat. N. et 33° 7' 45" long. E.

XI. L'Arménie méridionale.

XII. La Babylonie avec l'Assyrie, où l'on peut citer, outre la capitale *Babylone*, *Alexandrie*, fondée par le conquérant, à la pointe septentrionale du lac Pallacopas, formé par un bras de l'Euphrate, à peu de distance N.-O. du lieu de sépulture des rois assyriens; *Corcura*, sur une hauteur escarpée, par 35° 7' lat. N. et 41° 35' long. E., à peu de distance S. des puits de bitume de Memnis; *Arbèles*, dans une plaine fertile, par 36° 15' lat. N. et 41° 45' long. E.; *Gaugamèle*, à 48 k. O.

XIII. La Susiane, dont les parties septentrionale et orientale étaient habitées par les Cosséens et les Uxiens.

XIV. La Perse, sur les côtes de laquelle on peut citer, du S.-E au N.-O., *Ila*, près de la petite île Caïcandros, *Hieratis* et *Taoce*.

XV. La Médie. — Villes: *Concobar* au S.-O. d'Ecbatane, sur une colline qui s'élève dans une jolie vallée, et au pied de laquelle coule une petite rivière tributaire du Gyndès, vers 34° 14' lat. N. et 45° 50' long. E.; au S. de cette ville, et vers les frontières de la Susiane étaient les plaines Nyséennes; *Tabes* au N.-E., vers 34° 50' lat. N. et 48° 40' long.

E.; *Choana* au S.-E., sur une petite rivière, par 34° 32′ lat. N. et 48° 40′ long. E.; au N.-E. était le défilé des *Pyles Caspiennes*, par 35° 44′ lat. N. et 50° 22′ long. E.

XVI. Le pays des Tapyriens et des Mardes au N., sur les bords méridionaux de la mer Caspienne.

XVII. La Parétacène au S.-E. de la Médie, et sur les frontières septentrionales de la Perse.

XVIII. L'Hyrcanie et la Parthie ou Parthiène au N.-E. de la Médie. — Villes : *Zadracarta* par 36° 35′ lat. N. et 56° 48′ long. E.; *Thara* à 40 k. N.-E. des Pyles Caspiennes; *Hécatompyles* au N.-E., par 35° 46′ lat. N. et 54° 18′ long. E.

XIX. La Bactriane et la Margiane, au N.-E. — Villes : *Drapsaque*, par 34° 40′ lat. N. et 65° 38′ long. E. ; *Cariata*, au N.-E. de Bactres, dans une position incertaine, détruite par Alexandre; *Alexandrie Oxienne*, au confluent de l'Oxus et de l'Icarus, par 37° 10′ lat. N. et 66° 12′ long. E. ; *Aornos*, au S.-E., par 36° 40′ lat. N. et 67° 35′ long. E. ; *Alexandrie de Margiane*, à peu de distance de la rive droite du Margus ou Epardus, par 37° 33′ lat. N. et 59° 44′ long. E.

XX. La Sogdiane, au N. — Villes : *Oxiana*, sur la rive droite de l'Oxus, par 37° 10′ lat. N. et 65° 10′ long. E.; *la ville des Branchides*, originaires de Milet, à peu de distance N.-O. ; *La Roche Sogdienne* ou *Oxienne*, au N.-E., près de la rive gauche d'un affluent de l'Oxus, par 38° 10′ lat. N. et 66° 30′ long. E. ; *Nautaque*, au N.-O., sur la rive gauche d'une petite rivière qui se perd dans les sables, par 39° 20' lat. N. et 64° 25' long. E.; *La Roche Chorienne*, à 11 myr. N.-O. de Maracande; *Alexandrie* ou *Alexandreschata*, sur la rive gauche du Jaxartes, par 41° 22' lat. N. et 66° 30' long. E. Non loin de cette ville, qui marquait, comme l'indique son nom, le terme de l'expédition du conquérant dans le Nord, et de l'autre côté du fleuve, avaient été élevés les *Autels d'Alexandre*, à côté de ceux de Bacchus, d'Hercule, de Sémiramis et de Cyrus.

XXI. L'Arie et la Drangiane, au S.-E. de la Parthie. — Villes : *Susie*, sur les frontières N.-O.; *Alexandrie*, sur l'Arius, par 34° 48' lat. N. et 60° 8' long. E.; *Prophthasie*, à peu de distance de la rive droite de l'Étymandre, par 31° 58' lat. et 59° 50' long. E.; *Ariaspe*, sur la rive gauche de l'Étymandre.

XXII. La Carmanie, au S.-O. — Villes : *Carmana*, sur une rivière marécageuse, dans une vaste plaine au pied de collines escarpées, par 29° 56' lat. N. et 53° 40' long. E.; *Harmozia*, sur la mer, au S., par 27° 18' lat. N. et 53° 46' long. E.; *Salmonte*, au N.-E.; *Sidodona*, sur la côte, au S.-O. d'Harmozia, et *Badis*, aussi sur la côte, vers les frontières orientales de la Carmanie.

XXIII. La Gédrosie et l'Arachosie, à l'E. de la Carmanie et de la Drangiane. — Villes : *Pura*, sur la frontière occidentale, vers 28° lat. N. et 56° long. E.; *Chodda*, au S.-E., sur la rive gauche du Nabrum, par 26° 26' lat. N. et 60° 4' long. E.; sur la côte, de l'E. à l'O., *Calama*, *Cysa*, l'île *Carnine*, le promontoire *Mosarna*, le port *Cophas*; le promontoire *Bagia*, *Cyisa*, *Tiza* et *Troese*; *Arachotos*, dont on attribuait la fondation à Sémiramis, et que l'on place communément sur la frontière S.-O. de l'Arachosie; *Alexandrie*, au N.-E., sur l'Arachotus, affluent de l'Étymandre.

XXIV. Le pays des Horites, au S.-E., avec la ville de *Rhambacia* ou *Hora*, sur un rocher élevé, que baigne le Tomerus, par 26° 10′ lat. N. et 64° 15′ long. E.; *Cocala*, au S., sur la côte.

XXV. Les Paropamisades et toutes les contrées jusqu'aux bords du Cophènes, et jusqu'au Caucase indien. — Villes: *Abeste*, sur la rive droite de l'Étymandre, par 31° 38′ lat. N. et 61° 40′ long. E.; *Ortospana* ou *Carura*, au N.-E., sur la rive droite d'un affluent de l'Étymandre; *Alexandrie du Caucase*, dans une plaine et près de la rive gauche de la même rivière, par 32° 36′ lat. N. et 64° long. E.; *Nicée*, sur les frontières N.-E. des Paropamisades.

XXVI. L'Inde voisine des Paropamisades, ou le pays renfermé entre l'Indus, le Cophènes, les Paropamisades et l'Arachosie.

XXVII. L'Inde supérieure ou le pays situé entre le Cophènes, le Caucase indien et le Gurée, affluent du Cophènes, comprenant les Thyréens, les Arasaques et les Aspiens, avec des villes et des forteresses dont il n'est pas possible de fixer la position avec certitude. Les trois principales étaient: *Andraca*,

Arigée et *Nysa*, vers la frontière méridionale, bâtie par Bacchus, suivant la tradition.

XXVIII. Le pays des Assacéniens, à l'E., entre le Gurée, l'Indus et le Caucase indien. — Villes : *Ora* et *Bazira*, au N., dans les montagnes ; *Massaga*, au S., sur la rive gauche du Cophènes, par 34° 18' lat. N. et 69° 30' long. E. ; *Aorne*, au N.-O., par 34° 30' lat. N. et 69° long. E., sur un rocher isolé et accessible d'un seul côté ; *Peucela* et *Embolima*, au S.-O., dans une position incertaine.

XXIX. Le royaume d'Abyssare, entre l'Indus, les monts Émodes et l'Hydaspes, affluent de l'Indus, avec sa capitale *Caspire*, sur les deux rives de l'Hydaspes supérieur, par 34° 22' lat. N. et 72° 25' long. E.

XXX. Le royaume de Taxile, entre l'Indus et l'Hydaspes, dont la ville la plus peuplée et la plus importante était *Taxile*, sur un petit affluent de l'Indus, par 33° 30' lat. N. et 71° long. E.

XXXI. L'Inde entre l'Hydaspes et l'Hyphase, réunie sous les lois de Porus, et comprenant, outre les états héréditaires de ce prince, le royaume d'un autre Porus et le pays des Glauses.—Villes : *Lahore*, sur la rive gauche de l'Hydraotes, par 31° 36' lat. N. et 71° 43' long. E. ; *Nicée* et *Bucéphalie*, fondées par Alexandre, la première sur la rive gauche de l'Hydaspes, par 32° 35' lat. N. et 71° 10' long. E., la seconde à peu de distance S.-E. de la précédente.

XXXII. Le pays des Cathéens, des Malliens et des Oxydraques, qui s'étendait au S. des deux précédents jusqu'au confluent de l'Indus et de l'Acésines. — Villes : *Sangala,* au S.-E. de Lahore, entre l'Hydraotes et l'Hyphase, à peu de distance d'un petit lac ; *les autels d'Alexandre,* sur la rive droite de l'Hyphase, vers 31° lat. N. et 72° 20′ long. E. ; la ville forte où s'étaient réfugiés les Malliens et d'autres peuples, dans l'angle formé par l'Acésines et l'Hydraotes, par 30° 44′ lat. N. et 70° long. E.; *la ville des Brachmanes*, au S.-E., par 30° 30′ lat. N. et 70° 10′ long. E., à peu de distance de la rive gauche de l'Hydraotes ; *le camp d'Alexandre,* au N.-O., au confluent de l'Acésines et de l'Hydraotes, par 30° 36′ lat. N. et 69° 35′ long. E. ; *la capitale des Malliens,* au S.-O., à 8 k. de la rive gauche de l'Acésines, par 30° 10′ lat. N. et 69° 12′ long. E. ; *la capitale des Oxydraques,* au S.-O., un peu au-dessous du confluent de l'Acésines et de l'Hyphase, par 29° 14′ lat. N. et 68° 50′ long. E. ; *Alexandrie,* au S.-O., au confluent de l'Indus et de l'Acésines.

XXXIII. L'Inde maritime, ou tout le reste de la contrée sur les deux rives de l'Indus jusqu'à la mer, comprenant le pays des Sogdes, les royaumes de Musican, d'Oxycan, de Sambus, le pays des Pattaléens. — Villes : *la capitale des Sogdes,* sur la rive gauche de l'Indus, à peu de distance de laquelle Alexandre fit bâtir une ville sur la rive opposée ; *la capitale de Musican,* au S.-O., à 4 k. environ de la rive gauche de l'Indus, par 27° 40′ lat. N. et 66° 38′ long. E., près de laquelle Alexandre fit construire un fort sur le fleuve ; *la capitale d'Oxycan,* au S.-O., sur un des bras de l'Indus, par 27° 25′ lat.

N. et 65° 50′ long. E. ; *Sindomana*, capitale de Sambus, au S.-O., sur le même bras de l'Indus, par 26° 20′ lat. N. et 65° 40′ long. E. ; *Pattala*, au S.-E., à peu de distance de la rive droite de l'Indus et près de l'endroit où ce fleuve se divise en deux grands bras, par 24° 45′ lat. N. et 65° 57′ long. E. ; *Xylenopolis*, au S.-E., construite par ordre d'Alexandre, à l'embouchure du bras oriental de l'Indus ; au N.-O., sur la côte, la petite île sablonneuse de *Crocala*, le promontoire *Irus* et le port d'*Alexandre*.

XXXIV. L'Égypte, avec la Libye et une partie de l'Arabie septentrionale, où il suffira de citer la célèbre *Alexandrie*, fondée par le héros macédonien dans l'île de Pharos, entre la mer au N. et le lac Maréotis au S., par 31° 13′ 5″ lat. N. et 27° 35′ 30″ long. E.

CHAPITRE V.

DIVERS PARTAGES DE L'EMPIRE MACÉDONIEN APRÈS LA MORT DE SON FONDATEUR (1).

A peine Alexandre avait-il terminé sa courte et laborieuse carrière, que déjà ses généraux se disputaient les différentes provinces de son vaste empire. Dans les 43 années de querelles et de sanglantes

(1) Voir, pour plus de détails sur ces divers partages, notre *Précis de Géographie historique universelle*.

discordes qui s'écoulèrent depuis sa mort jusqu'à celle de son dernier capitaine Séleucus, il y eut quatre partages principaux : 1o *après la mort d'Alexandre ;* 2° *après l'extinction de sa famille ;* 3° *après la bataille d'Ipsus ;* 4° *après la mort de Séleucus.*

§ I. *Premier partage, après la mort d'Alexandre* (324).

Le premier partage des provinces entre les gouverneurs fait à Babylone, après la mort d'Alexandre, n'apporta que les modifications suivantes à la division et à la distribution de provinces faites par le conquérant lui-même.

Les provinces européennes formèrent deux gouvernements : 1° le gouvernement de *Macédoine*, qui comprenait l'ancien royaume de ce nom, l'Illyrie méridionale, le pays des Triballes, celui des Agrianes, la Thessalie, la Grèce propre, le Péloponnèse et les îles ; 2° le gouvernement de *Thrace*, qui comprenait, outre cette contrée, la Chersonèse et les pays voisins du Pont-Euxin.

Le gouvernement d'Égypte, auquel il ne fut rien changé, fut donné à Ptolémée Lagus, qui y ajouta Cyrène l'année suivante.

En Asie, la Paphlagonie fut distraite de la Grande-Phrygie pour être réunie à la Cappadoce qu'il fallut conquérir.

La Lycie et la Pamphylie furent réunies à la Grande-Phrygie.

La partie N.-O. de la Médie forma un gouvernement particulier sous le nom de Petite-Médie.

Le reste de la contrée, avec la Parétacène, le pays des Tapyriens et des Mardes forma un autre gouvernement sous le nom de Grande-Médie.

L'Hyrcanie et la Parthie ou Parthiène eurent chacune leur gouverneur.

La Bactriane et la Sogdiane furent au contraire réunies sous l'autorité d'un seul gouverneur.

§ II. *Deuxième partage, après l'extinction de la famille d'Alexandre* (307).

Lorsque, après l'extinction de la famille d'Alexandre, cinq de ses généraux prirent le titre de rois, son vaste empire se trouva partagé entre les cinq royaumes de *Macédoine*, de *Thrace*, d'*Asie-Antérieure*, de *Haute-Asie* et d'*Égypte*.

1° Le royaume de Macédoine ne comprenait que la Macédoine et la Thessalie.

2° Le royaume de Thrace avait les mêmes limites que le gouvernement de ce nom.

3° Le royaume d'Asie-Antérieure comprenait, en Asie, tout le pays entre la Méditerranée et l'Euphrate, excepté les quatre états indépendants de Pont, de Bithynie, d'Héraclée et de Rhodes, l'Arménie méridionale, la Syrie, la Palestine, la Phénicie et l'île de Chypre ; en Europe, il possédait la Grèce centrale et le Péloponnèse.

4° Le royaume de Haute-Asie comprenait toutes

les provinces de l'empire macédonien entre l'Euphrate, l'Indus et le Jaxartes, à l'exception de la Petite-Médie, érigée en état indépendant dès 318 par son gouverneur Atropas.

5° Ptolémée Ier, roi d'Égypte, possédait, outre son ancien gouvernement, la Cyrénaïque, la petite île d'Andros dans les Cyclades, les villes de Sicyone et de Corinthe dans le Péloponnèse.

Enfin les sept gouvernements de l'Inde, ou toutes les contrées situées au delà du Caucase indien et de l'Indus, avaient été conquis dès l'an 312 par le monarque indien Sandrocottus ou Tchandragoupta.

§ III. *Troisième partage, après la bataille d'Ipsus* (301).

Les cinq royaumes furent réduits à quatre par la défaite et la mort d'Antigone à Ipsus, dont les vainqueurs se partagèrent les dépouilles.

1° Le royaume de Macédoine, agrandi déjà par des conquêtes antérieures à la bataille d'Ipsus, comprit, outre la Macédoine et la Thessalie, l'Épire méridionale, c'est-à-dire l'Ambracie, l'Acarnanie, quelques villes isolées dans la Grèce centrale et dans le Péloponnèse, et la Cilicie en Asie.

2° Le royaume de Thrace s'augmenta de toute l'Asie-Mineure jusqu'au mont Taurus et au fleuve Halys.

3° Le royaume d'Égypte reprit les provinces asiatiques qu'il avait déjà possédées et perdues, la Palestine, la Phénicie et la Cœlé-Syrie.

4° Le royaume de Haute-Asie ou de Syrie eut en partage tout le reste des possessions asiatiques d'Antigone.

Il ne resta à Démétrius, fils d'Antigone, que les villes de Tyr et de Sidon, l'île de Chypre, quelques villes sur l'Hellespont, presque toutes ses possessions dans la Grèce centrale et le Péloponnèse.

§ IV. Quatrième partage, après la mort de Séleucus (281).

A la mort de Séleucus I*er*, assassiné à Lysimachie par Ptolémée Céraunus, l'empire macédonien se trouva démembré en trois royaumes principaux, et en plusieurs états moins importants qui avaient acquis ou consolidé leur indépendance.

Royaume de Macédoine. Au royaume de Macédoine, tel à peu près qu'il existait en 301, a été réuni celui de Thrace.

Grèce centrale. La plupart des peuples de la Grèce centrale ont recouvré leur indépendance et se sont partagés en deux confédérations : la *ligue Béotienne* à l'E., et la *ligue Étolienne* à l'O.

Péloponnèse. Dans le Péloponnèse s'est formée une troisième confédération de peuples, la *ligue Achéenne.* Argos et *Sicyone* sont soumises à des tyrans particuliers. Sparte et son territoire composent le royaume de Laconie. Enfin l'île d'Eubée,

Corinthe, et quelques villes moins importantes sont au pouvoir d'Antigone de Goni.

Royaume d'Égypte. Le royaume d'Égypte ou des Lagides se composait, en 281, de l'Égypte, de la Libye, de la Cyrénaïque, d'une partie de l'Arabie, de la Palestine, de la Phénicie, de la Cœlé-Syrie et de l'île de Chypre. Mais la Cyrénaïque formait, en quelque sorte, un royaume particulier pour Magas qui l'agrandit momentanément de presque toute la Libye maritime. Philadelphe fit soumettre l'*Éthiopie* par son amiral Timosthène, qui parcourut le pays de Syène à Méroé; il étendit sa puissance jusqu'à la côte occidentale du golfe Arabique par la fondation de colonies militaires et marchandes dans le pays des *Troglodytes*, et rattacha la *Cyrénaïque*, ainsi que la *Libye maritime*, à son royaume, après une guerre assez opiniâtre.

Parmi les villes qui doivent leur existence ou des accroissements aux deux premiers Lagides, nous citerons : 1° dans l'Égypte, *Alexandrie*, capitale de la monarchie; elle renfermait 3 quartiers, le *Bruchion*, à l'E., le *Rhacotis*, à l'O., et l'île de *Pharos*, au N., jointe à la ville par une chaussée nommée *Heptastade*, et 2 faubourgs, l'un au S. du Bruchion, l'autre appelé la *Nécropole* au S. du Rhacotis; *Arsinoé*, au fond du golfe Héroopolite, fondée par Philadelphe et agrandie plus tard par Cléopâtre, qui lui donna le nom de *Cléopatris; Clysma*, port à peu de distance, au S.-O., sur le même golfe; *Arsinoé* du golfe Charandra, *Myos-Hormos* et *Philo-*

théras, toutes trois sur la côte des Ichthyophages et dans la partie septentrionale du golfe Arabique ; *Bérénice* sur le golfe Immonde, le plus méridional des établissements égyptiens; *Ptolémaïs-Épi-Théras* sur la côte Troglodytique, dans une presqu'île du lac Monoléus ; *Bérénice-Panchrysos* sur la même côte, au pied d'une montagne qui renferme de riches mines d'or ; *Bérénice-Épi-Diré* à l'entrée du détroit qui joint le golfe Arabique à l'océan, près du promontoire de Deré ou Diré, d'où elle tirait son nom ; et dans l'intérieur des terres, *Ptolémaïs*, surnommée *Hermii*, sur la rive gauche du Nil, au S. de Panopolis dans la Thébaïde ; 2° dans la Cyrénaïque, les trois ports de *Bérénice*, d'*Arsinoé*, l'ancienne Teuchira, et de *Ptolémaïs*, qui remplaça *Barcé*, située un peu plus au S. ; 3° dans l'île de Chypre, deux villes du nom d'*Arsinoé*, l'une sur la côte septentrionale, l'autre sur la côte méridionale ; 4° dans la Palestine *Ptolémaïs*, ancienne Aco, rebâtie et agrandie par Ptolémée Philadelphe, située sur un promontoire qui forme avec celui du mont Carmel une baie semi-circulaire, par 32° 54′ 35″ lat. N. et 32° 46′ 5″ long. E. (1).

Royaume de Syrie. Le royaume de Syrie ou des Séleucides s'étend depuis la mer Égée jusqu'à l'Indus, et depuis le Cyrus jusqu'à la mer Érythrée.

Mais, dans ces limites, les républiques de Rhodes et d'Héraclée, les royaumes de Bithynie, de Pont,

(1) Pour les villes fondées ou devenues célèbres dans les autres états durant cette période, voir le chapitre suivant.

de Médie septentrionale ou Atropatène, ont conservé leur indépendance; le royaume de Cappadoce a été affranchi vers 300 par Ariarathe III, et Philétère, gouverneur de Pergame pour Lysimaque, s'est déclaré indépendant dans cette ville et a jeté les fondements du royaume de Pergame.

CHAPITRE VI.

EMPIRE DES SÉLEUCIDES.

Après la bataille de *Cyropédion*, en Phrygie, dans laquelle Lysimaque fut vaincu et tué, Séleucus 1er Nicator, fondateur de l'empire des Séleucides, posséda, pendant sept mois, presque tout l'empire d'Alexandre, si l'on excepte toutefois la Grèce et les îles, les possessions d'Afrique, les contrées de l'Inde, la petite Médie. Les royaumes de Pont et de Bithynie étaient restés indépendants, ainsi que les républiques d'Héraclée et de Rhodes. La Cappadoce tout entière s'était affranchie; mais Séleucus avait soumis toute l'Arménie. Les bornes de sa domination étaient donc, à peu de chose près, celles de l'empire d'Alexandre.

Aux villes que nous avons déjà fait connaître dans cette vaste étendue de pays, nous ajouterons, outre les bourgs d'*Ipsus* et de *Cyropédion* en Phrygie, dont il n'est pas possible de fixer la position avec certitude, les villes fondées ou rebâties et agrandies par Cassandre, Lysimaque, Antigone, Ptolémée, et surtout par Séleucus qui leur donna son nom, celui de son père et de son fils Antiochus, celui de sa mère Laodice ou de son épouse Apamée ; c'étaient :

Cassandrée ou *Cassandrie*, ancienne Potidée, rebâtie ou restaurée et agrandie par Cassandre ; *Lysimachie*, sur l'isthme de la Chersonèse, fondée par Lysimaque à peu de distance E. de l'ancienne Cardie, qu'il avait détruite ; *Antigonie de Bithynie*, fondée par Antigone, agrandie et embellie par Lysimaque, qui l'appela *Nicée* du nom de son épouse, située sur la rive orientale du lac Ascanius, vers 40° 25' lat. N., et 27° 20' long. E.; *Antigonie de Troade*, à 24 k. S.-O. de l'ancienne Troie, et nommée *Alexandrie* par Lysimaque ; *Smyrne* et *Éphèse* rebâties, la première par Antigone, la seconde par Lysimaque à 1334 m. de l'ancienne ville ; *Arsinoé*, sur la côte de Cilicie, fondée par Ptolémée Philadelphe ; *Antigonie de Syrie* sur l'Oronte, remplacée bientôt par Antioche ; *Thyatire*, sur un affluent de l'Hermus, vers 38° 52' lat. N. et 25° 40' long. E., fondée, ou plutôt rebâtie et agrandie par Séleucus, ainsi que toutes les villes suivantes : *Séleucie de Pisidie* ou *Siderea*, vers 39° 40' lat. N., et 29° long. E.; *Séleucie Trachée* ou de *Cilicie*, sur le Calycadnus, par 36° 20' lat. N., et 31° 40' long. E.; *Antioche*, sur la rive gauche de l'Oronte, par 36° 12' lat. N., et 34° 21' long. E., surnommée *Épi-*

Daphnes, à cause du bourg de *Daphné*, à 8 k. O. sur la rive droite de l'Oronte, regardé comme un de ses faubourgs, et tirant son nom d'un bois de lauriers qui renfermait un temple d'Apollon et de Diane; *Séleucie de Piérie* ou *maritime*, à l'embouchure de l'Oronte, par 36° 6′ lat. N., et 33° 35′ long. E.; *Laodicée maritime*, ancienne *Ramitha*, à 16 k. de la mer, sur l'escarpement d'un promontoire dominant deux baies, par 35° 30′ 30″ lat. N., et 33° 27′ 40″ long. E.; *Apamée*, au confluent de l'Oronte et du Marsyas, sur le petit lac appelé de son nom Apamène, par 35° 20′ lat. N., et 34° 51′ long. E.; les deux forteresses d'*Apamée* et de *Séleucie*, bâties la première sur la rive droite de l'Euphrate, la seconde sur la rive gauche pour défendre *Zeugma* ou le grand passage du fleuve; *Amphipolis*, la même que Thapsaque; *Séleucie sur le Tigre* ou de *Babylonie*, bâtie à l'endroit où le Naharmalcha ou canal royal, dérivé de l'Euphrate, tombe dans le Tigre, par 33° lat. N., et 42° 17′ long. E.; *Europe*, la même que Rhages.

CHAPITRE VII.

GÉOGRAPHIE POLITIQUE DE L'ASIE-MINEURE ET DE LA HAUTE-ASIE, APRÈS LA DÉFAITE D'ANTIOCHUS LE GRAND A MAGNÉSIE.

A l'époque du traité de Magnésie (189), imposé

par les Romains vainqueurs au roi de Syrie, Antiochus le Grand, l'Asie-Mineure et la Haute-Asie, ou les contrées asiatiques qui avaient fait partie de l'empire d'Alexandre, étaient partagées entre les états suivants :

1° L'*empire des Séleucides* était borné au N. par la chaîne du Taurus, par les royaumes d'Arménie, d'Atropatène, des Parthes et l'empire Grec-Bactrien ; à l'E., par la partie méridionale des monts Irus ou Barbitans, qui le séparaient de l'empire des Prasiens ; au S., par la mer Érythrée, le golfe Persique, le désert d'Arabie et l'Arabie septentrionale ; à l'O., par la mer Intérieure. Il comprenait dans ces limites : la Pamphylie, la Cilicie, la Syrie, la Phénicie, la Palestine, la Mésopotamie, l'Adiabène ou Assyrie, la Babylonie, la Médie, la Susiane, la Perside, la Carmanie et la Gédrosie.

Aux villes que nous avons déjà fait connaître dans cet empire, il suffira d'ajouter les suivantes :

Dans la Syrie, outre *Antioche,* qui était toujours la capitale de l'empire, *Samosate,* sur la rive droite de l'Euphrate, par 37° 36′ lat. N. et 35° 45′ long. E. ; *Cyrrhus,* sur une colline presque entourée par une petite rivière, vers 36° 45′ lat. N. et 34° 31′ long. E. ; *Bérée,* ancienne *Chalybon,* située sur plusieurs collines, et traversée par le Chalus, par 36° 11′ 25″ lat. N. et 34° 40′ long. E. ; dans la Palestine, *Raphia,* près de la mer, vers 31° 12′ lat. N. et 31° 56′ long. E. ; dans la Mésopotamie, *Callinique,* la même que *Nicephorium,* et *Antioche de Mygdonie,* la même que *Nisibe*; dans la Babylonie, *Antioche*, la même que *Opis*; *Apamée* ou *Digba*, fondée ou plutôt rebâtie et agrandie par Antiochus Soter; située au confluent du Tigre et de l'Euphrate, par 31° 4' lat. N. et 44° 20' long. E. ; dans la Médie, *Laodicée*, sur les frontières S.-E., et *Apamée*, sur les frontières N.-E., fondées par Antiochus Soter.

2° La *république de Rhodes* comprenait, outre l'île de ce nom et les petites îles voisines de Chalcia, de Telos, de Syme, la Lycie et la Carie, et avait pour villes principales : *Rhodes*, dont la fondation remontait au milieu du v⁰ siècle av. J.-C., sur la côte N.-E. de l'île, bâtie en amphithéâtre sur un coteau dont la pente s'étend jusqu'au bord de la mer, par 36° 27' 35" lat. N. et 25° 51' 45" long. E. ; *Stratonicée*, ancienne *Idrias*, rebâtie et agrandie par Antiochus Soter, vers 37° lat. N. et 25° 50' long. E. ; *Arsinoé*, même ville que *Patara*, agrandie et embellie par Ptolémée Philadelphe.

3° Le *royaume de Pergame* comprenait la Lydie, la Mysie, les deux Phrygies, la Pisidie, la Lycaonie, la Chersonèse de Thrace en Europe, et avait pour villes principales, outre sa capitale Pergame et les autres villes déjà connues, *Séleucie* ou *Antioche*, la même que l'ancienne *Tralles*, près de la rive droite du Méandre inférieur; *Antioche du Méandre*, la même que l'ancienne *Nysa*, à peu de distance S.-E. de la précédente ; *Laodicée du Lycus*, au N.-E., fondée ou rebâtie par Antiochus II; *Apamée-Cibotos*, bâtie par Antiochus Soter, à peu de distance de l'ancienne *Cælènes*, dont elle reçut la population, par 38° 45' lat. N. et 28° 36' long. E.; *Antioche-de-Pisidie*, située au pied d'une chaîne de montagnes élevées d'où coulent d'innombrables ruisseaux, et à 2 k. S.-O. d'un petit lac, par 38° 13' lat. N. et 29° 15' long. E. ; *Laodicée-Combusta*, située dans une petite vallée, au pied d'une chaîne de collines, au S.-E. de la précédente, vers 38° 5' lat. N. et 29° 55' long. E.

4° *Villes grecques indépendantes*. — Quelques villes grecques des côtes occidentales de l'Asie-Mineure, et entre autres *Milet, Colophon, Érythres, Clazomène, Smyrne, Phocée, Cyme, Dardanum,* la *Nouvelle-Ilion*, et *Chios*, dans l'île de ce nom, conservaient une espèce d'indépendance sous la protection romaine.

5° Le *royaume de Bithynie* avait pour villes principales : *Apamée*, la même que *Myrlée*, rebâtie et agrandie par Prusias Ier, qui lui donna le nom de son épouse ; *Prusias*, la même que *Cius*, rebâtie par Prusias Ier, au fond du golfe Cianus, sur les bords duquel elle s'élevait en amphithéâtre ; *Nicomédie*, fondée par Nicomède Ier, bâtie en amphithéâtre sur la pente méridionale d'une colline, au fond du golfe Astacène, par 40° 45' lat. N. et 27° 22' long. E. ; *Libyssa*, à 32 k. N.-O sur la côte septentrionale du même golfe ; *Pruse* ou *Prusias-sur-l'Hyppius*, bâtie par Prusias Ier sur le petit fleuve Hyppius, à peu de distance de la mer.

6° La *petite république d'Héraclée* comprenait,

outre *Héraclée*, *Tium*, *Cromne* et *Cytore*, *Amastris*, bâtie en amphithéâtre sur une colline dominant le Pont-Euxin, entre deux ports, par 41° 45′ 27″ lat. N. et 30° 1′ long. E., fondée vers 320 par Amastris, nièce du dernier roi de Perse Darius, et veuve de Denys, tyran d'Héraclée.

7° Le *royaume de Paphlagonie*, ayant pour capitale *Gangra*, au pied des montagnes, entre deux petites rivières dont les eaux réunies vont tomber dans l'Halys à sa rive droite, par 40° 30′ lat. N. et 31° 42′ long. E. La colonie grecque de *Sinope*, au N., formait avec son territoire une petite république indépendante.

8° La *Galatie* ou *Gallo-Grèce*, état formé d'une partie de la Phrygie septentrionale, de la Paphlagonie méridionale et de la Cappadoce occidentale, par les Gaulois que Nicomède Ier avait appelés à son secours (278), et qui se divisèrent en trois tribus : les Tolistoboïens, capitale *Pessinonte*, sur une colline et près d'un petit affluent du Sangarius, par 40° 10′ lat. N. et 29° 20′ long. E. ; les Tectosages, capitale *Ancyre*; les Trocmiens, dans le territoire desquels étaient : *Tavium*, leur capitale, près de la rive droite de l'Halys, sur un petit affluent de ce fleuve, par 40° 21′ lat. N. et 32° long. E. ; *Eccobrige*, à 48 k. S.-O. sur la rive droite de l'Halys.

9° Le *royaume de Cappadoce*, ayant pour capitale *Mazaca*.

10° Le *royaume de Pont* ne s'étendait à cette époque que depuis le fleuve Halys, à l'O., jusqu'au promontoire Zephyrium, à l'E., et comprenait les villes grecques d'*Amise* et de *Cérasonte*.

11° La *Colchide* et la partie occidentale de l'*Ibérie,* divisées en plusieurs petits états indépendants.

12° Le *royaume d'Ibérie* ou de *Géorgie,* capitale *Mtskhétha*.

13° L'*Albanie,* dont la ville principale était *Albana,* située par 42° 10′ lat. N., et 46° long. E., sur le bord occidental de la mer Caspienne, à l'entrée du défilé du Caucase, que l'on appelait *Pyles albaniennes*.

14° Le *royaume d'Arménie,* qui depuis longtemps n'était soumis que de nom aux Séleucides. Villes principales : *Ardaschad* ou *Artaxate,* sa capitale, sur l'Araxe, dont elle était presque entièrement environnée, par 39° 47′ lat. N., et 42° 44′ long. E., bâtie par le roi Artaxias (195); *Varutha,* fondée par une colonie scythe au temps d'Alexandre et célèbre par le culte de la déesse Anahid, par 40° 10′ lat. N., et 38° 27′ long. E. *Hispiratis,* à 56 k. N.-E., plus ancienne que Varutha, sur le Boas, affluent de l'Apsarus; ses environs étaient riches en mines d'or et d'autres métaux.

15° Le *royaume d'Atropatène,* ayant pour capitale *Phraata, Phraaspa* ou *Vera,* située entre le lac Spauta et la mer Caspienne.

16° Le *royaume des Parthes* ou des *Arsacides* ne comprenait encore que les provinces d'Hyrcanie et de Parthiène, et avait pour villes principales, outre sa capitale *Hécatompyles*, *Syringis* ou *Hyrcanie*, au N.-E., sur le petit fleuve Socanda qui tombe dans la mer Caspienne ; *Asaac*, au N., où Arsace 1er fut proclamé roi (230).

17° L'empire *Grec-Bactrien* était borné au N. par le lac Oxien et le Jaxartes ou Oxiartes, qui le séparaient du pays des Massagètes et de l'empire des Hioung-nou ; à l'E. par les monts Imaüs, les monts Émodes et l'Hyphase, qui le séparaient du royaume indien de Khotan, du pays des Si-Kiang et de l'empire indien des Prasiens ; il s'étendait au S. jusqu'au confluent de l'Indus et de l'Acésines, et jusqu'aux frontières de la Gédrosie et de la Carmanie ; à l'O. il était borné par la province de Perside et par le royaume des Parthes.

Il comprenait, dans ces limites, la Bactriane, la Sogdiane, la Margiane, l'Arie, la Drangiane, l'Arachosie, les Paropamisades, et tous les pays arrosés par l'Indus supérieur et ses affluents. A ses villes déjà connues, nous n'ajouterons, outre sa capitale, *Bactres*, et l'importante *Maracande*, que *Antioche de Margiane*, la même que *Alexandrie de Margiane*, rebâtie et agrandie par Antiochus Soter.

18° Enfin les contrées arrosées par l'Indus inférieur, depuis son confluent avec l'Acésines jusqu'à son embouchure, faisaient partie du grand empire des Prasiens ou Gangarides, qui avait pour capitale *Palibothra*, sur la rive droite du Gange, par 25° 37' lat. N., et 82° 54' 45" long. E.

FIN DE LA GÉOGRAPHIE ANCIENNE. — SECONDE PARTIE.

TABLE DES MATIÈRES.

	Pages.
Chapitre premier.—Expédition du jeune Cyrus et retraite des Dix-Mille.	1
Chap. II. — Géographie politique de la Macédoine, de l'Illyrie et de la Thrace, à l'avénement de Philippe II.	13
Chap. III. — Limites de la Macédoine à la mort de Philippe II.	20
Chap. IV. — Limites de l'empire macédonien à la mort d'Alexandre le Grand.	22
Chap. V.—Divers partages de l'empire macédonien après la mort de son fondateur.	31
Chap. VI. — Empire des Séleucides.	58
Chap. VII. — Géographie politique de l'Asie-Mineure et de la Haute-Asie, après la défaite d'Antiochus le Grand à Magnésie.	40

PARIS. — IMPRIMERIE DE FAIN ET THUNOT,
IMPRIMEURS DE L'UNIVERSITÉ ROYALE DE FRANCE,
Rue Racine, 28, près de l'Odéon.

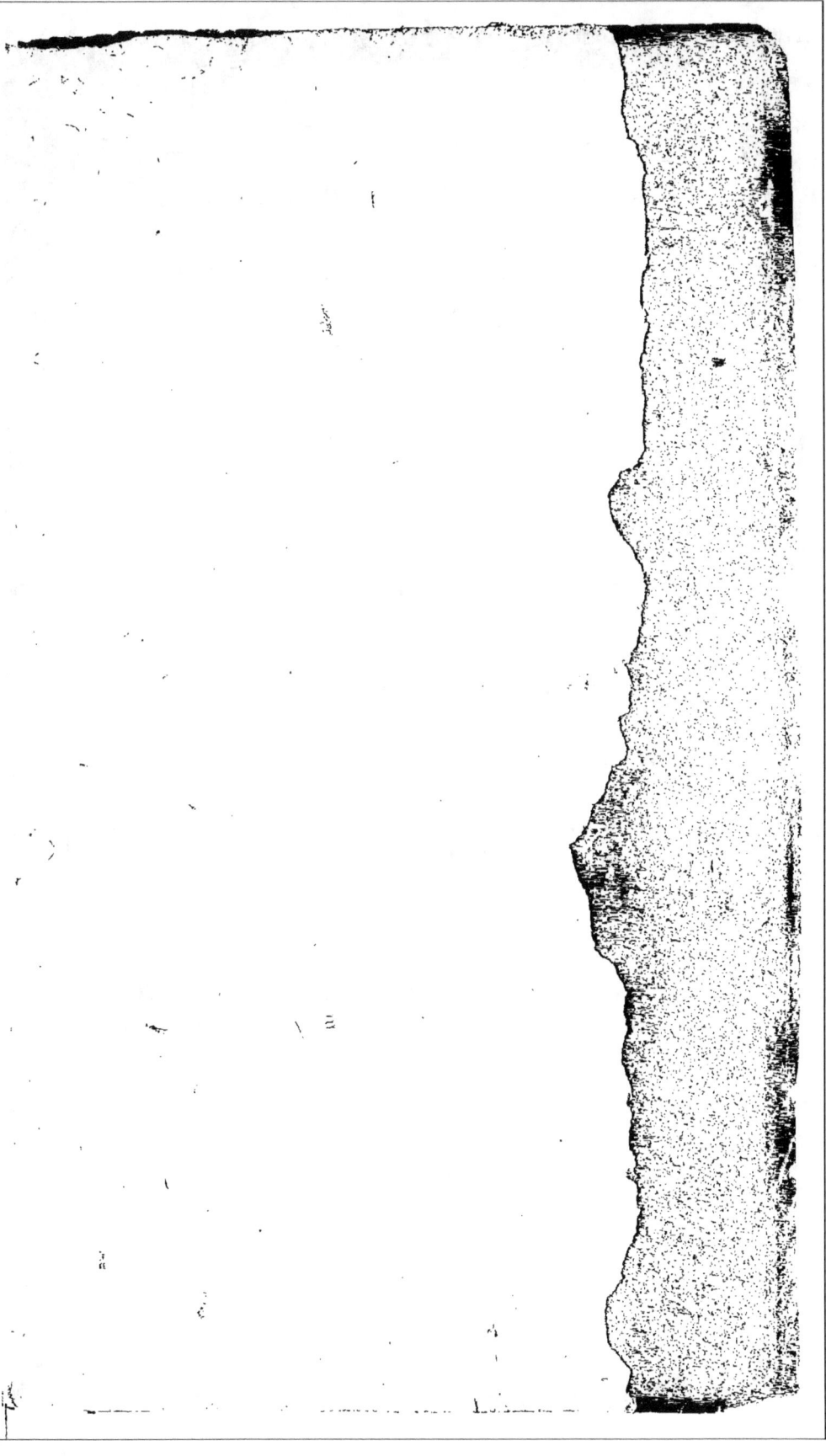

LE COURS COMPLET
DE
GÉOGRAPHIE HISTORIQUE
A L'USAGE DES COLLÉGES ET AUTRES ÉTABLISSEMENTS D'INSTRUCTION
PUBLIQUE,
PAR
CH. BARBERET ET ALF. MAGIN,
EST AINSI DIVISÉ :

GÉORGAPHIE ANCIENNE, 1re *partie*, Cours de Sixième, 1 vol. in-12, prix . . . . 80 c.

GÉOGRAPHIE ANCIENNE, 2e *partie*, Cours de Cinquième, 1 vol. in-12, prix . . . . 60 c.

GÉOGRAPHIE ROMAINE, Cours de Quatrième, 1 vol. in-12, prix . . . . 80 c.

GÉOGRAPHIE DU MOYEN AGE, Cours de Troisième, 1 vol. in-12, prix . . . . 80 c.

GÉOGRAPHIE MODERNE, Cours de Seconde, 1 fort vol. in-12, prix . . . . 3 fr.

GÉOGRAPHIE DE LA FRANCE, Cours de Rhétorique, 1 vol. in-12, prix . . . . 1 fr.

Chaque volume se vend séparément.

PRÉCIS DE GÉOGRAPHIE HISTORIQUE UNIVERSELLE, par les mêmes auteurs, 2 vol. in-8, prix 12 fr.

PARIS.—IMPRIMERIE DE FAIN ET THUNOT,
IMPRIMEURS DE L'UNIVERSITÉ ROYALE DE FRANCE,
Rue Racine, 28, près de l'Odéon.

www.ingramcontent.com/pod-product-compliance
Lightning Source LLC
LaVergne TN
LVHW020048090426
835510LV00040B/1472